Tealo Spies

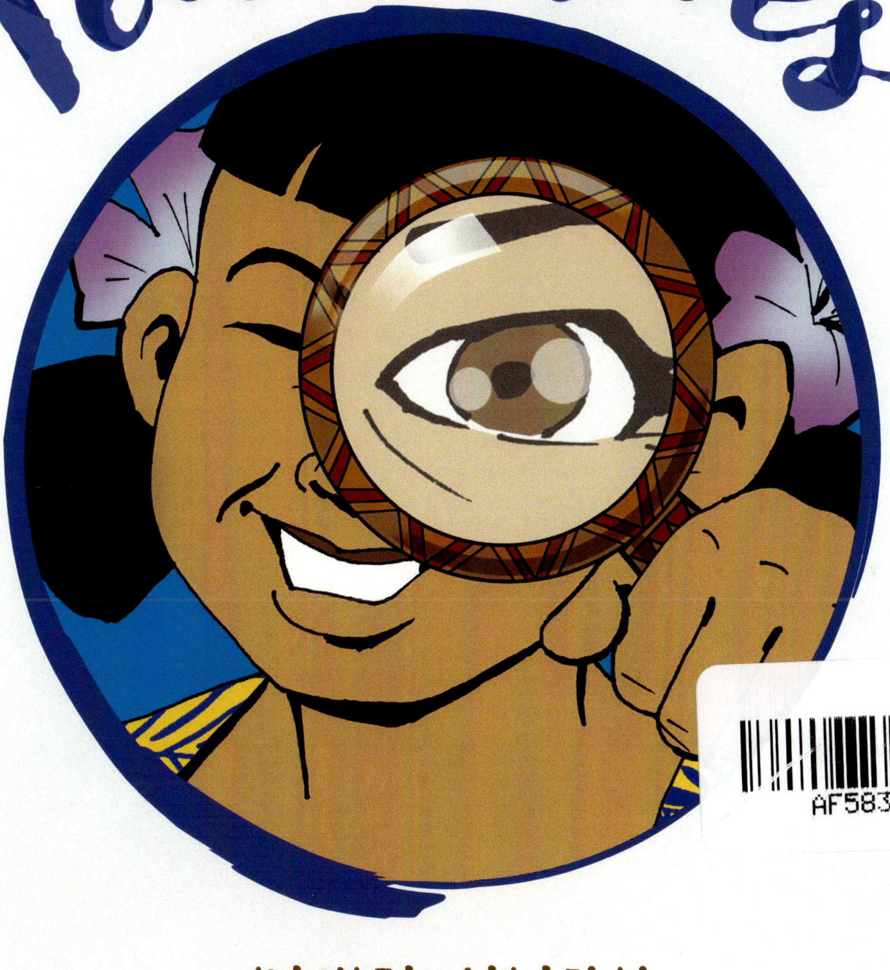

DAHLIA MALAEULU

illustrations by
Darcy Solia

Tealo spies with her little eye,

Ko Tealo na ia kitea he mea i tona mata tahi,

something **lanu moana** and lanu paepae ...

ko he mea **lanu moana** ma lanu paepae ...

The slide is **lanu moana** and **lanu paepae**.

Ko te nofoa fakaheheke e **lanu moana** ma **lanu paepae**.

Tealo spies with her little eye, something **lanu hamahama** and **lanu fakaefuefu** ...

Ko Tealo na ia kitea i tona mata tahi, he mea **lanu hamahama** ma **lanu fakaefuefu** ...

The bridge is lanu hamahama
and lanu fakaefuefu.

Ko te ala laupapa e lanu hamahama
ma lanu fakaefuefu.

Tealo spies with her little eye, something **lanu meamata** and **lanu uliuli** ...

Ko Tealo na ia kitea i tona mata tahi, he mea **lanu meamata** ma **lanu uliuli** ...

The swings are **lanu meamata** and **lanu uliuli**.

Ko te fakaluega e **lanu meamata** ma **lanu uliuli.**

Tealo spies with her little eye, something **lanu mūmū** and **lanu kenakena** ...

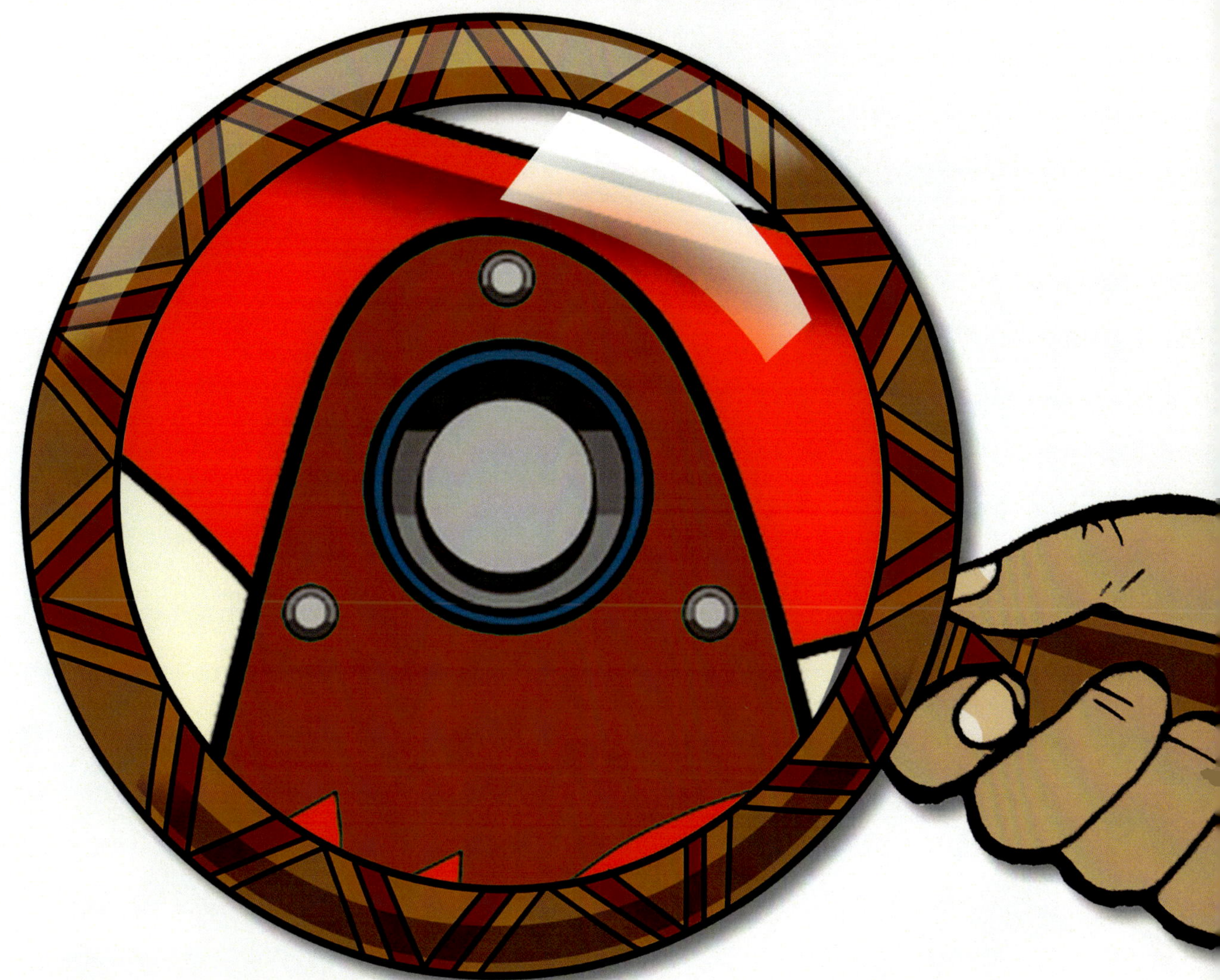

Ko Tealo na ia kitea he mea i tona mata tahi, he mea **lanu mūmū** ma **lanu kenakena** ...

The see-saw is **lanu mūmū** and **lanu kenakena**.

Ko te kākega ohooho e **lanu mūmū** ma **lanu kenakena.**

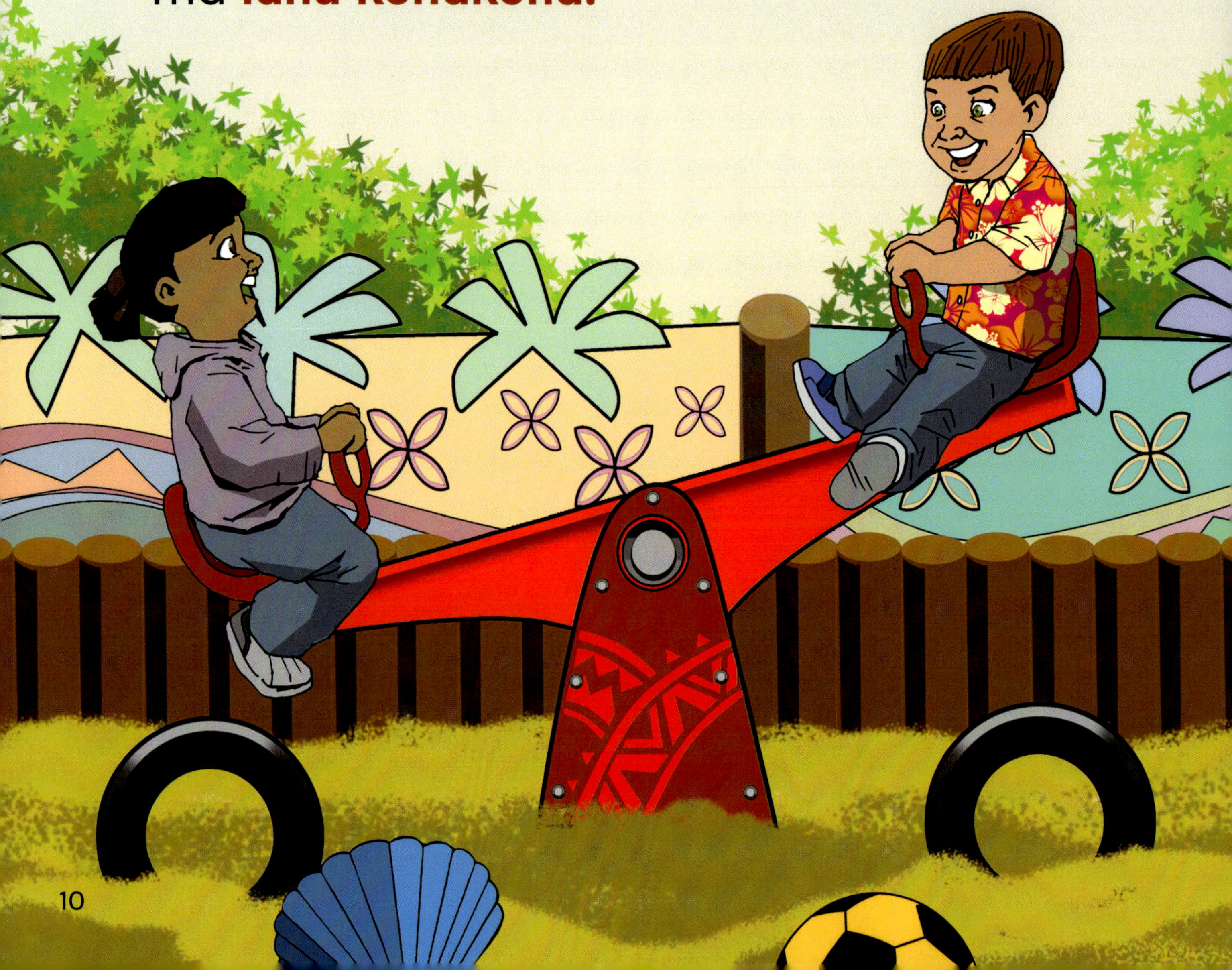

Tealo spies with her little eye, something **lanu moli** and **lanu violē** ...

Ko Tealo na ia kitea he mea i tona mata tahi, he mea **lanu moli** ma **lanu violē** ...

The monkey bars are **lanu moli** and **lanu violē**.

Ko te taukupega e **lanu moli** ma **lanu violē**.

What **lanu** can you see around you?

Ko heā he **lanu** e kē kitea?

Glossary

lanu moana	blue
lanu paepae	white
lanu hamahama	yellow
lanu fakaefuefu lanu whakaewhuewhu	grey
lanu meamata	green
lanu uliuli	black
lanu mūmū	red
lanu kenakena	brown
lanu moli	orange
lanu violē	purple
lanu	colour

Pronunciation Guide

Short Vowel Sounds

a ah as in c**u**p

e eh as in b**e**d

i ee as in **e**at

o o as in **o**r

u oo as in t**o**

Long Vowel Sounds

ā as in f**a**r

ē as in **e**gg

ī as in m**ee**t

ō as in th**ough**t

ū as in l**oo**t

Consonants

f/wh fa/wha as in fah

g nga as in ngah

k ka as in hah

l ha as in lah

m mo as in moh

n nu as in new

p pi as in pee

h he as in heh

t ti as in tee

v vi as in vee h

Mila's
My Pasifika Series

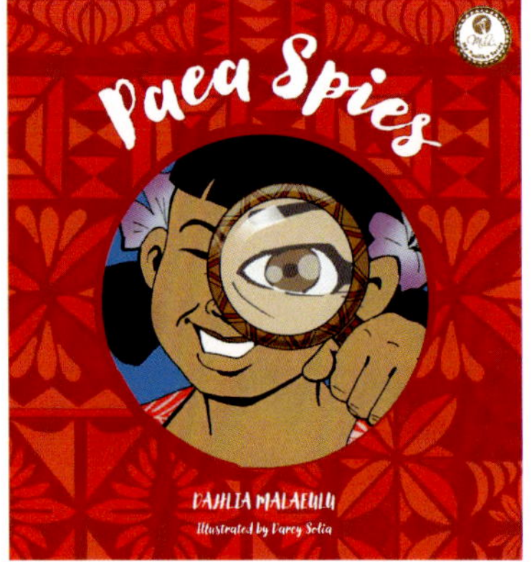
Paea Spies
DAHLIA MALAEULU
Illustrated by Darcy Solia

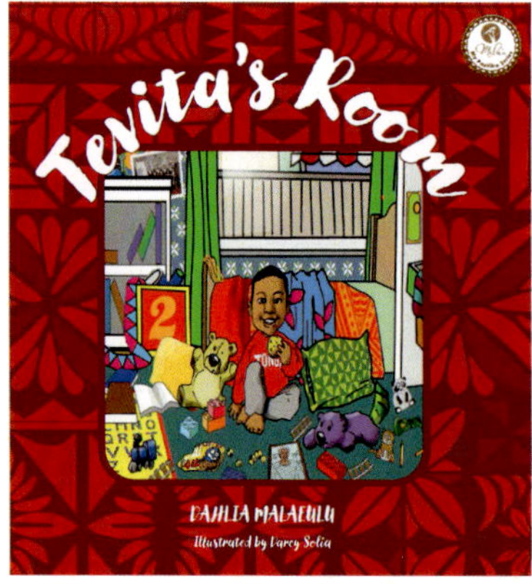
Tevita's Room
DAHLIA MALAEULU
Illustrated by Darcy Solia

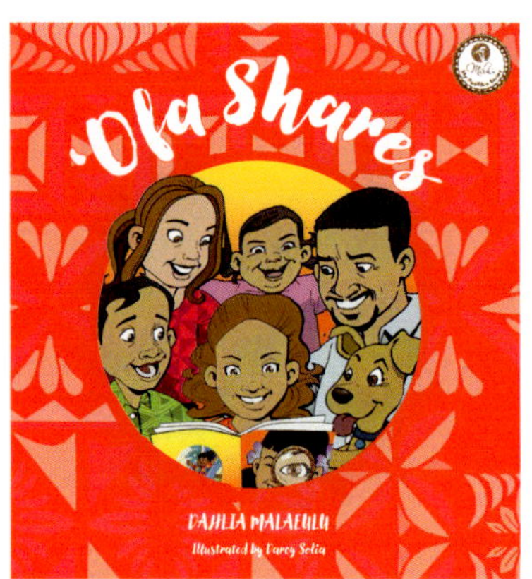
'Ofa Shares
DAHLIA MALAEULU
Illustrated by Darcy Solia

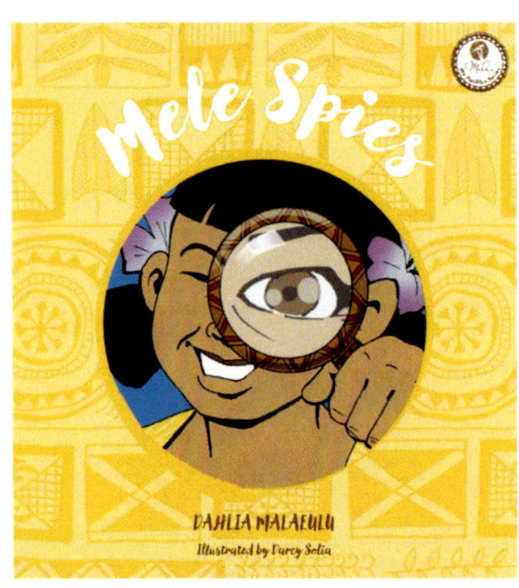
Mele Spies
DAHLIA MALAEULU
Illustrated by Darcy Solia

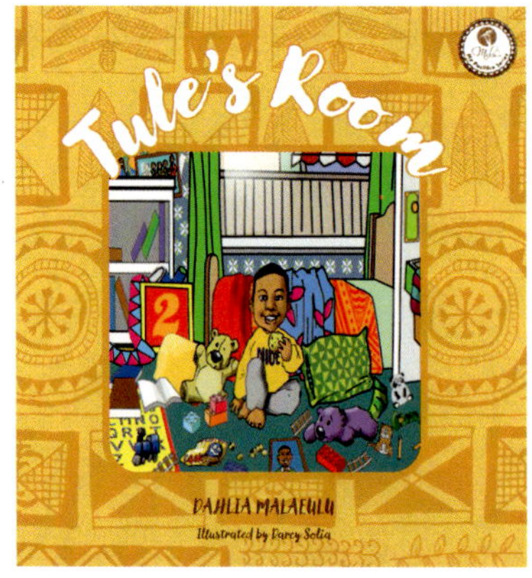
Tule's Room
DAHLIA MALAEULU
Illustrated by Darcy Solia

Moka Shares
DAHLIA MALAEULU
Illustrated by Darcy Solia

Tealo Spies
DAHLIA MALAEULU
Illustrated by Darcy Solia

Pene's Room
DAHLIA MALAEULU
Illustrated by Darcy Solia

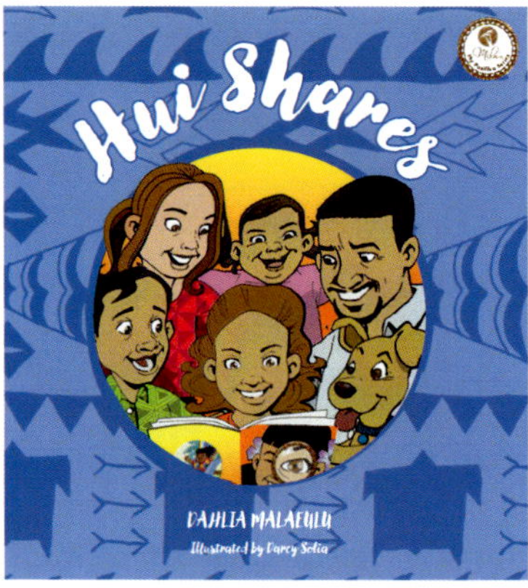
Hui Shares
DAHLIA MALAEULU
Illustrated by Darcy Solia

Na mea na kitea e Tealo

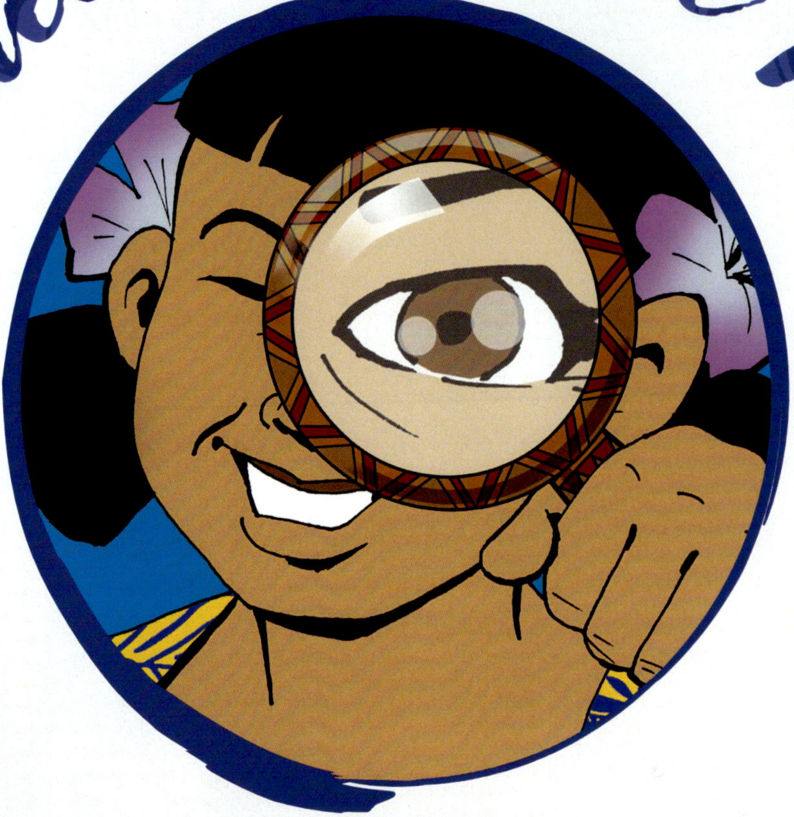

DAHLIA MALAEULU

Na whakaliliu e
Sale & Selina Alefosio

Na tūhia nā ata e
Darcy Solia

Ko Tealo na ia kitea he mea i tona mata tahi,

Tealo spies with her little eye,

ko he mea **lanu moana** ma lanu paepae ...

something **lanu moana** and lanu paepae ...

Ko te nowhoa whakaheheke
e **lanu moana**
ma **lanu paepae**.

The slide is **lanu moana**
and **lanu paepae**.

Ko Tealo na ia kitea i tona mata tahi, he mea **lanu hamahama** ma **lanu whakaewhuewhu** ...

Tealo spies with her little eye, something **lanu hamahama** and **lanu whakaewhuewhu** ...

Ko te ala laupapa e **lanu hamahama** ma **lanu whakaewhuewhu**.

The bridge is **lanu hamahama** and **lanu whakaewhuewhu**.

Ko Tealo na ia kitea i tona mata tahi,
he mea **lanu meamata** ma **lanu uliuli** ...

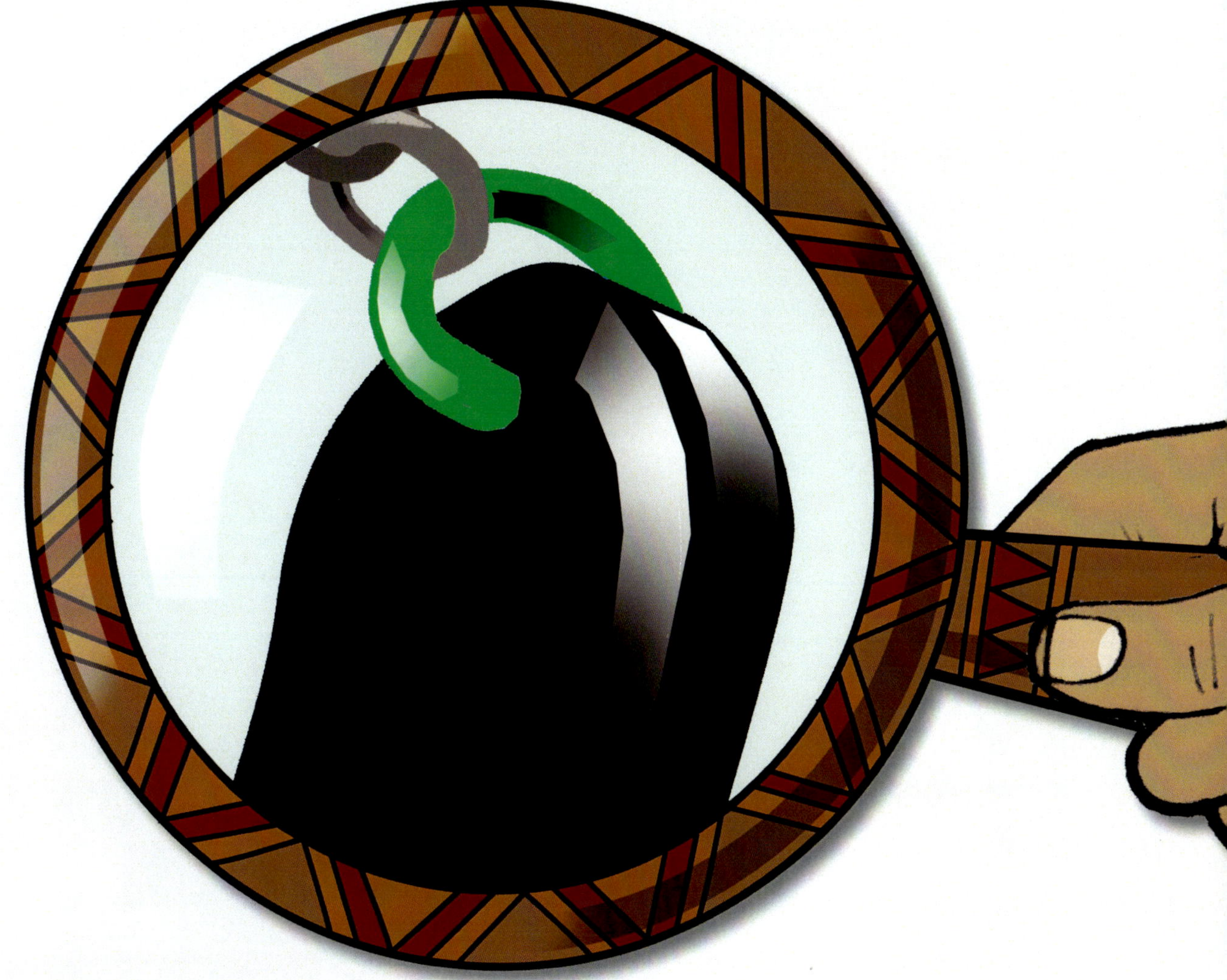

Tealo spies with her little eye,
something **lanu meamata** and **lanu uliuli** ...

Ko te whakaluega e **lanu meamata** ma **lanu uliuli.**

The swings are **lanu meamata** and **lanu uliuli.**

Ko Tealo na ia kitea he mea i tona mata tahi,
he mea **lanu mūmū** ma **lanu kenakena** ...

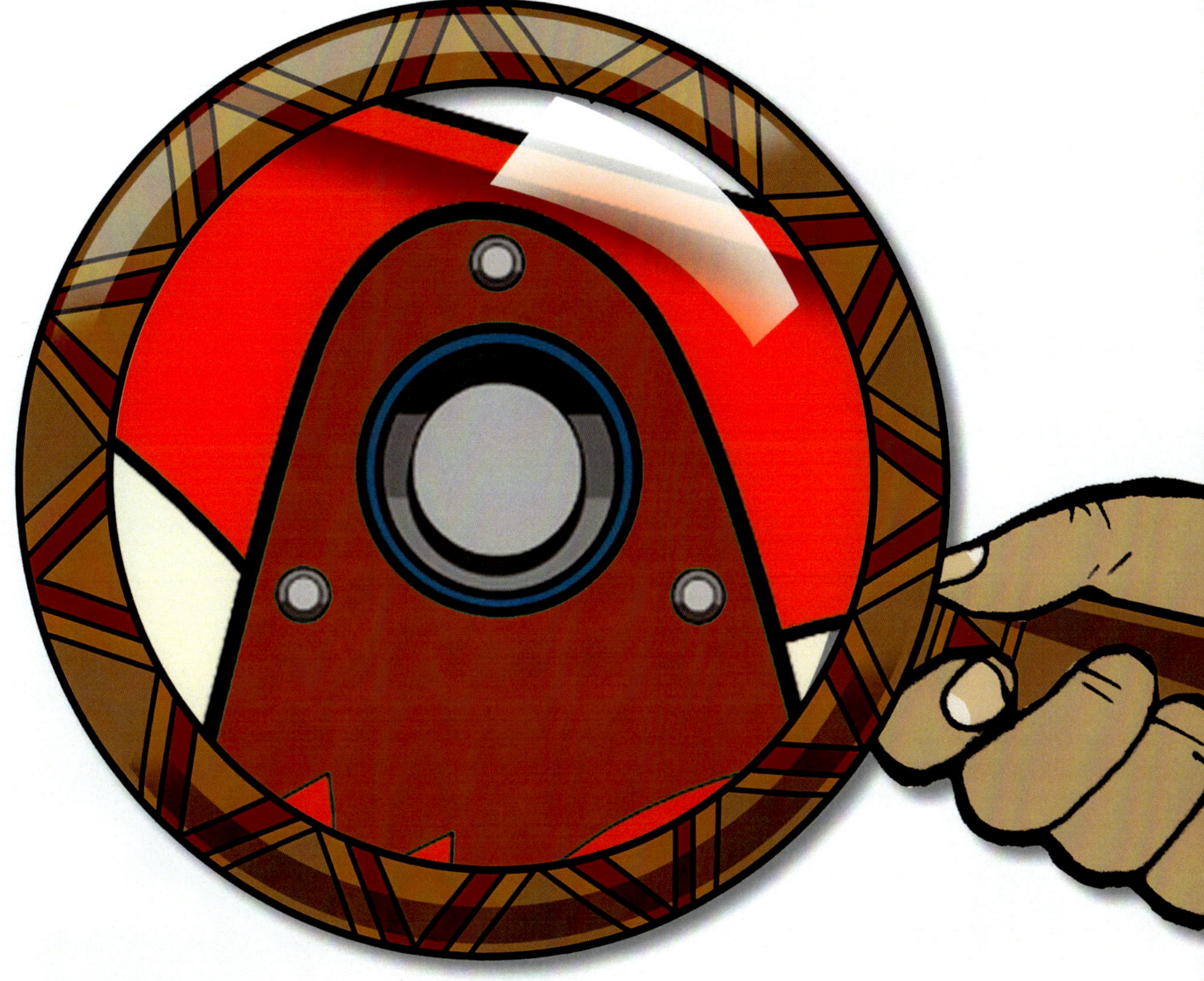

Tealo spies with her little eye,
something **lanu mūmū** and **lanu kenakena** ...

Ko te kākega ohooho e
lanu mūmū ma **lanu kenakena**.

The see-saw is **lanu mūmū**
and **lanu kenakena**.

Ko Tealo na ia kitea he mea i tona mata tahi,
he mea **lanu moli** ma **lanu violē** ...

Tealo spies with her little eye,
something **lanu moli** and **lanu violē** ...

Ko te taukupega e **lanu moli** ma **lanu violē**.

The monkey bars are **lanu moli** and **lanu violē**.

Ko heā he **lanu** e kē kitea?

What **lanu** can you see around you?

Published by Mila's Books
www.milabooks.com

A catalogue record for this book is available from the National Library of New Zealand.

ISBN 978 1 7386060 0 9

Original story written by Dahlia Malaeulu
Translated by Sale and Selina Alefosio
Illustrated by Darcy Solia
Designed by Liz Tui Morris
Edited by Emeli Sione

Recipient of a 2022 Contestable Fund Grant
from Copyright Licensing New Zealand

Na lōmia e Mila's Books
www.milasbooks.com

Fakafehokotaki te National Library of New Zealand mō te lihi o fakamatagala mō te tuhi tēnei.

ISBN 978 1 7386060 0 9

Na tūhia e Dahlia Malaeulu
Na fakaliliu e Sale ma Selina Alefosio
Na tūhia na ata e Darcy Solia
Na teuteūa te tuhi e Liz Tui Morris
Na hiaki e Emeli Sione

Mila's

Lagi Spies
Dahlia Malaeulu

Mase's Room
Dahlia Malaeulu

Malia Shares
Dahlia Malaeulu

LOSI THE GIANT FISHERMAN
By Dahlia Malaeulu

Fale Sāmoa
Dahlia Malaeulu
Illustrated by Darcy Solia

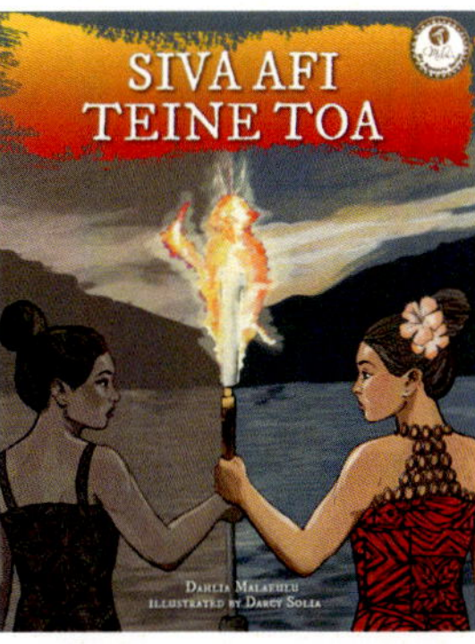
SIVA AFI TEINE TOA

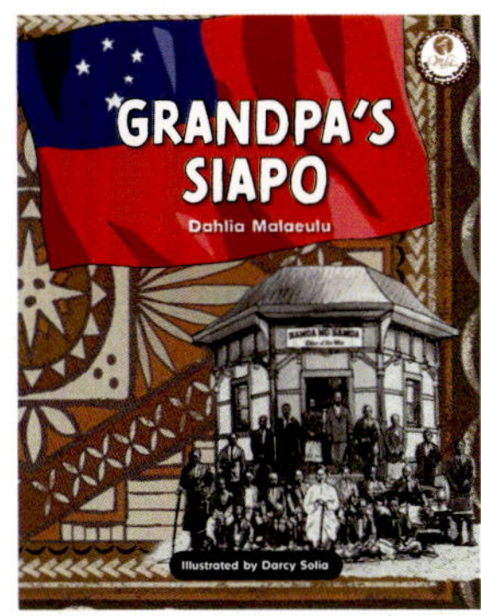
GRANDPA'S SIAPO
Dahlia Malaeulu
Illustrated by Darcy Solia

Tama Sāmoa
DAHLIA & MANI MALAEULU

DAHLIA MALAEULU
Teine Sāmoa

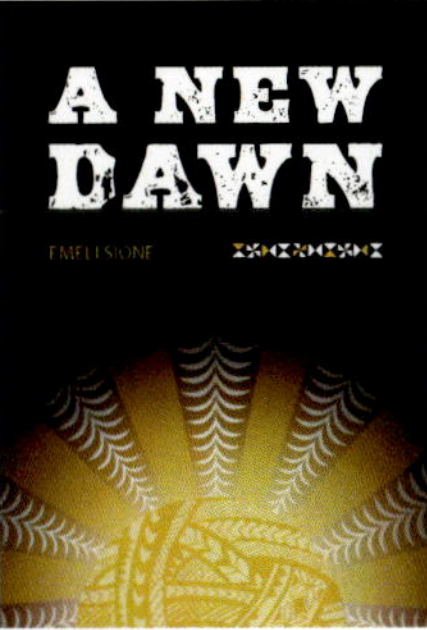
A NEW DAWN

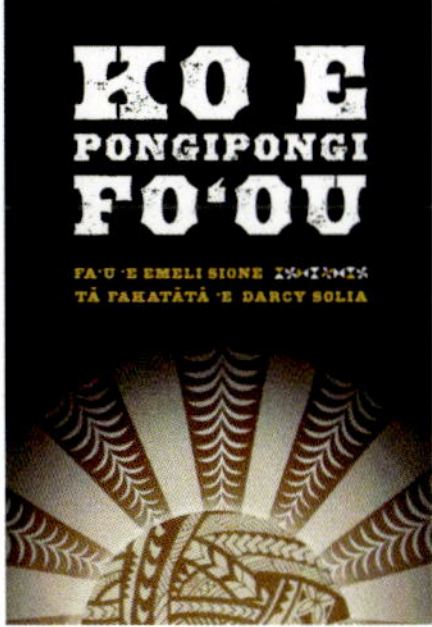
KO E PONGIPONGI FO'OU

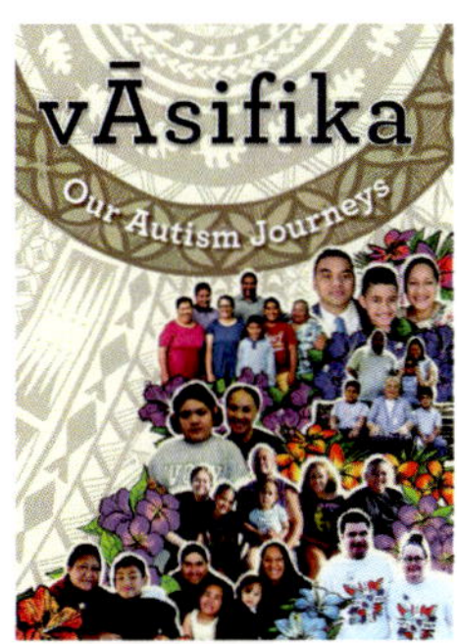
vĀsifika
Our Autism Journeys

PASIFIKA NAVIGATORS

Tama Pasifika Wellbeing Journal
CONNECT
TALANOA
HEAL

Teine Pasifika Wellbeing Journal
SEEN
HEARD
VALUED

I am Pasifika Wellbeing Journal
PASIFIKA